EXCUSAS
Y
PRETEXTOS

Javier Tapia Rodríguez

EXCUSAS Y PRETEXTOS

PARA LIBRARSE DE LAS PREOCUPACIONES

Excusas y Pretextos

Diseño de Cubierta; Quality Design

Edita: Edicomunicación, S. A.
Las Torres, 75
08033 Barcelona (España)

Impreso en España / Printed in Spain

I.S.B.N.: 84-7672-258-3
Depósito legal: B-40.631-89

Impreso en:
Gráficas Guada
Gallo, 6
Esplugues (Barcelona)

PRETEXTO

Y es que cualquier pretexto sirve de introducción para un libro de humor. Sí, cualquiera.

Se puede tomar cualquier tema y utilizarlo para decirle al lector que se va a comenzar un libro.

Si algo sobra en el mundo son los temas.

La cosa es tomar un tema y adecuarlo para que parezca que vamos a decir algo importante, o algo gracioso, relacionado con el contenido del libro.

Nada más fácil.

Piensa en el último libro que has leído y ya está. Ya tienes el tema que te servirá de pretexto para crear la atmósfera deseada.

Te acuerdas de la última película que has visto en la televisión, te montas un chiste fácil sobre la misma... ¡Y chás!, ya tienes un pretexto para inventarte un prefacio.

Sí. Si esto de escribir es muy sencillo.

Sí, hacer un libro y montarlo no cuesta nada.

Y comenzarlo con cualquier introducción o prefacio es lo más sencillo de todo.

Lo curioso es que esta vez no tengo, ni se me ocurre, ningún pretexto para dar inicio a este libro de Excusas y Pretextos.

¡Ya sé! Le diré al Editor que mi abuela se ha muerto otra vez y que no he tenido tiempo para hacer la introducción.

Nada mejor que una excusa o un pretexto para liberarme de la preocupación de tener que hacer una introducción a este libro. Total, para lo que sirven las introducciones.

También le puedo decir que mi perro tiene graves problemas psicológicos y que tuve que llevarlo al psiquiatra. Y el Editor me dirá: «Pero si tú no tienes perro.» A lo que contestaré: «Sí que tengo, pero nadie se ha dado cuenta porque mi perro tiene un grave problema de identidad debido a que nadie repara en él, y esa es la razón de sus largas y terribles sesiones psiquiátricas.»

Hombre, si cuela, cuela.

Libérese usted también de todos sus problemas con las excusas y los pretextos que le proponemos a continuación.

CUANDO SE LLEGA TARDE...

Cuando se llega tarde al trabajo

–Perdona, pero es que se le ha pinchado un neumático al Metro.

❋ ❋ ❋

–Disculpa, pero es que el perro iba estreñido.

❋ ❋ ❋

–Lo siento, pero es que el conductor del Metro era nuevo.
–¿Y?
–Pues que no se conocía la ruta.

❋ ❋ ❋

–Es que tomé un taxi.
–¿Y?
–Pues que estaba poco hecho.

* * *

–Es que estuve hablando con el jefe.

–Pero si el jefe está en Australia.

–Y con lo lejos que está deberías agradecerme que haya venido, aunque sea tarde.

* * *

–No pude dormir en toda la noche.

–¿Una desgracia, insomnio, algún problema?

–No, pero como me duermo todo el día en el trabajo...

* * *

–Disculpe, pero es que anoche hubo una terrible erupción.

–¿Volcánica?

–No, de los granos de mi suegra.

* * *

–Es que los despertadores de mi casa se declararon en huelga.

* * *

–Es que el perro del vecino está enfermo.
–¿Y?
–Que hoy no había nadie que me hiciera correr por el camino.

❊ ❊ ❊

–La culpa la tiene el tren.
–¿Se retrasó?
–No, pasó a tiempo.

❊ ❊ ❊

–Un poco más, y llega usted a la hora de la salida.
–Si quiere, pues me espero.

❊ ❊ ❊

–¿Conque llegando tarde, no?
–No, saliendo temprano.

❊ ❊ ❊

–Es que hoy enterramos a mi padre.
–Pero si murió hace tres meses.
–En casa nunca nos ha gustado hacer las cosas precipitadamente.

* * *

–Es que se ha muerto mi abuela.

–¿Otra vez?

–No, pero siempre le gustó hacer las cosas por episodios.

* * *

–Si sigue llegando tarde lo echaremos a la calle.

–¿Y para oír esas cosas he de levantarme?

* * *

–Es que yo soy muy inglés.

–¿No me dirá que usted suele ser muy puntual?

–No, pero vengo todos los días a trabajar desde Inglaterra.

* * *

–Le juro que estuve a punto de llegar temprano.

–¿Y?

–Que el punto se hizo demasiado tarde.

* * *

¿ES QUE NO HA VÍSTO LA SEÑAL?
SÍ, PERO NO LE VI A USTED.

–Es que hace mucho calor.
–¿Y?
–¿Qué no sabe usted que con el calor los cuerpos se dilatan?

❋ ❋ ❋

–Como usted siempre está diciendo que soy un retrasado...

❋ ❋ ❋

–Ya nunca más llegaré tarde al trabajo.
–¿Te has redimido?
–No, me han echado.

❋ ❋ ❋

–Es que anoche tuve pesadillas, jefe. Estuve soñando con usted toda la noche.

❋ ❋ ❋

–Es que perdí el Metro..., y no lo encontré hasta una hora después.

❋ ❋ ❋

–¿Qué quiere usted, jefe? Velocidad o eficiencia.

❊ ❊ ❊

–Es que no pude subir en el autobús.
–¿Iba muy lleno?
–No, ya se había ido.

❊ ❊ ❊

–No quería quitarle la ilusión de regañarme como cada lunes.

❊ ❊ ❊

–He llegado tarde porque mi suegra ha muerto. Pero he venido porque sé que es primero el deber que el placer.

❊ ❊ ❊

–Es que sufrí un atropello.
–¿Por un coche?
–No, por un maricón que me tocaba las nalgas.

❊ ❊ ❊

–Es que pesqué un resfriado.
–Pues yo lo veo muy bien.
–Sí, es que se me escapó.

* * *

–Es que me quedé dormido.
–¿Ah, pero, que también duerme en su casa?

* * *

–Lo siento, pero he tropezado con trescientos limosneros en el tren, doscientos en el autobús, cien en el Metro y cincuenta por la calle, y como tengo tan buen corazón...

* * *

–Lo siento, pero estuve preparando un informe sobre la impuntualidad en el trabajo, y se me hizo tarde.

* * *

–¿Sabe usted qué hora es, señor Pérez?
–Hombre, jefe. ¿Con lo poco que nos paga y no se ha podido comprar un reloj?

* * *

–Es que me encontré con Montserrat Caballé y tuve que darle la vuelta.

* * *

–Es que tuve que asistir a un entierro y el muerto se retrasó.

* * *

–Yo hubiera querido llegar temprano, pero ya se sabe, jefe, no siempre se tiene lo que se quiere.

* * *

–Pero, jefe, si es el primer día de la semana que llego tarde.

–Claro, es lunes.

* * *

–Es que mi reloj adelanta.

–¿Y?

–Que por andarlo persiguiendo siempre se me hace tarde.

* * *

–Es que yo tengo un reloj de sol, y como está tan nublado...

❋ ❋ ❋

–Pues yo he llegado tarde porque tengo un reloj de arena y con la humedad que está haciendo, pues se atrasa.

❋ ❋ ❋

–Jefe, le juro que si usted no me hubiera presentado a su mujer yo no llegaría tarde, ya sabe usted como es de entretenida.

❋ ❋ ❋

–Le prometo que hoy no vuelvo a llegar tarde.

❋ ❋ ❋

–Es que ha habido un incendio en mi casa.
–¿Alguién resultó herido?
–Sí, dos tostadas y un cigarro.

❋ ❋ ❋

–Lo siento, pero tuve que ir a la enfermería. Me hice dos cortes con las horas punta, ¿sabe?

* * *

–Tuve que ir a la comisaría por el tráfico.
–Venga, nadie va a la comisaría por el tráfico.
–Es que éste era un tráfico de cocaína.

* * *

–Es que hubo una manifestación que interrumpió el tráfico.
–Miente, la última manifestación se celebró hace dos meses.
–Pues imagínese el tiempo que llevo esperando para poder venir al trabajo.

* * *

–¡Jo! qué rollo con eso de llegar temprano, parece que no pueden empezar a trabajar sin mí.

* * *

–Tuve un compromiso inaplazable.
–Pues por la hora que llega parece que se aplazó demasiado.

* * *

–No encontraba aparcamiento.

–Pero si usted no tiene coche.

–Claro, pero con lo difícil que está, tengo que buscar el lugar para aparcar antes de tener coche.

* * *

–No encontraba aparcamiento.

–Pues no mienta.

* * *

–Es que hoy en la mañana tuvimos en casa la visita del rey y tuve que ir a comprar una botella de anís para invitarle algo.

–¡Miente!

–¿Por qué lo dice?

–Porque el rey no toma anís.

* * *

–Es que tengo muy mala combinación.

–Pues cambie de caja fuerte.

* * *

YO NUNCA PONGO UN PRETEXTO...
...Y ME LLAMAN EXCUSADO.
COSAS DE LOS HUMANOS.
A MÍ ME LLAMAN CIEN PIES Y NO TENGO NI CINCUENTA.

–Discúlpe, pero tuve que asistir un parto esta mañana.
–¿Su mujer?
–No, mi suegra, que no dejaba de decir paridas.

* * *

–Lo siento, pero tuve que llevar al niño a la escuela.
–Pero si su hijo sólo tiene dos meses.
–Sí, y como tuvimos que esperar a que tuviera los seis años, pues he llegado diez minutos tarde al trabajo.

* * *

–Perdone, pero ayer sufrí una fuerte intoxicación.
–¿Marisco?
–No, marihuana.

* * *

–Y no vaya a pensarse que porque llego tarde, porque no me afeito y porque no trabajo soy un vago, ¿eh?, que soy un funcionario.

* * *

–Lo siento, pero esta mañana tuvimos una reunión muy importante con los de la Cosa Nostra, así que cuidadito con ponerme falta.

* * *

–Espero que sepa disculparme, pero esta mañana me entretuve en hacerle un servicio a la patria. Lleve a mi hijo al cuartel a dónde está haciendo su servicio militar.

* * *

–Pues yo he llegado tarde porque le hice un gran servicio a la humanidad. No se lo diga a nadie, jefe, soy Superman.

* * *

–Jefe, yo también le hecho un gran servicio a la comunidad. Esta mañana he atropellado a su suegra.

–Cuente con un ascenso y un aumento de sueldo, pero no me vuelve a llegar tarde.

* * *

–He perdido mucho tiempo llegando tarde, pero le prometo que a partir de mañana lo perderé llegando temprano.

Cuando se llega tarde a la escuela

–Señorita, he llegado tarde porque mis padres no se querían separar.
–Dirás que porque se han separado...
–No, se ve que están en su segunda luna de miel.

* * *

–El psicólogo dice que llego tarde para llamar la atención y no para que me llamen la atención.

* * *

–Es que no me quería arrancar la bicicleta.

* * *

–Al venir para la escuela se me rompió la dirección del patinete.

* * *

–Es que estaba recabando fondos para los niños hambrientos.
–¿De Africa?
–No, de la escuela, empezando por un servidor.

* * *

–Es que me puse a hacer los deberes esta mañana.
–¿Y los has terminado?
–No, porque se me hacía tarde.

* * *

–Tuve que sacar a pasear al perro.
–¿Y?
–Que le gustan los paseos largos.

* * *

–Se me fue le tiempo meditando... en lo que tenía que decirle para que no me riñera por llegar tarde.

* * *

–Le aseguro que madrugué mucho, pero no amaneció más temprano.

* * *

–Sólo he querido cultivar su paciencia, señor profesor.

* * *

–No, si ya se lo decía yo a mi padre cuando nos adelantó aquel caracol.

* * *

–Si yo lo comprendo, señor profesor; yo también me enfado mucho cuando se me retrasa la menstruación.

* * *

–Es que nos han dicho en la clase de religión que los últimos serán los primeros.

–Te han dicho bien, Paquito. Los primeros en suspender el curso.

* * *

–Es que estoy haciendo un estudio psicológico sobre la actitud del profesorado ante el retraso de sus alumnos.

* * *

–No ha sido a propósito.

* * *

–Yo he venido a estudiar, no a echar carreras.

* * *

–Como usted da sus clases en ese tono tan intemporal...

* * *

–Es que los jóvenes pertenecemos a otro tiempo... y a otra hora.

* * *

–Como a usted le hace tanta ilusión ir al Africa, pues he creído conveniente ayudarle a ponerse negro.

* * *

–Es que mi padre siempre me trae un poco más tarde porque le da asco cómo conducen los maestros.

* * *

–Es que me picó una mosca tze-tze.

* * *

–Es que la cola del pan estaba muy larga.
–¿Te mandan a ti por el pan?
–No, pero me entretuve a contarla.

* * *

–Es que hubo una desgracia en casa y perdí el tiempo haciéndome la graciosa.

* * *

–Como usted siempre está matando el tiempo, pues yo no sé cómo resucitarlo.

* * *

–Es que estoy midiendo su grado de tolerancia, señor profesor.

* * *

–Y para qué apresurar lo inevitable...

* * *

–No pienso revelar ningún aspecto de mi vida privada.

¡CON QUE LLEGANDO TARDE! ¿EH?
NO, MI AMOR, SALIENDO TEMPRANO.
¡HIC!

❊ ❊ ❊

–No hablaré si no es en presencia de mi abogado.

❊ ❊ ❊

–Es que prefiero llegar a clase cuando usted ya se ha despertado.

❊ ❊ ❊

–Todo tiempo es relativo al espacio en que se desenvuelve.

❊ ❊ ❊

–Veamos, Paquito, ¿por qué ha llegado usted tarde a esta escuela el día de hoy?

–Hombre, si no me da más datos...

❊ ❊ ❊

–Es que me quedan muy grandes los calcetines y me he venido tropezando con ellos por todo el camino.

❊ ❊ ❊

–Es que la calle estaba muy resbaladiza, llena de babas, ¿sabe?, se ve que usted venía delante...

* * *

–Yo no he llegado tarde, señor profesor, es que usted ha llegado temprano.

* * *

–No pretenderá usted que aumente el *stress* de mi padre.

* * *

–Lo siento, señorita, pero es que no me salía la firma de mis padres, y como usted dijo que quería ver firmadas mis notas...

* * *

–Es que me voy escondiendo por el camino para que nadie sepa que tengo la desgracia de venir a esta escuela.

* * *

–Es que había mucha cola.
–¿En el autobús?
–No, el el tobogán del parque.

❋ ❋ ❋

–Siento mucho haber llegado tarde; pero le aseguro que siento mucho más haber venido.

Cuando se llega tarde a una cita de amor

–Amor mío, tú siempre has dicho que tengo unas pestañas muy grandes... pues imagínate lo que tardo en ponerles el rimel.

* * *

–Es que te compré unas rosas, mi amor; y como no salían hasta la primavera.

* * *

–Habíamos quedado a las diez, ¿no?, pues las diez cuarenta y nueve todavía son las diez.

* * *

–Como los relojes que me regalas son una baratija...

* * *

–Que te haya crecido la barba no quiere decir que me haya atrasado tanto, Marta.

* * *

–Es que al lado de mi casa hubo una explosión...
–¿De bombas?
–¡No, de precios, han comenzado las rebajas!

* * *

–Pero mi vida, tú ya sabes el tiempo que se pierde en la comisaría.
–Pero si tú no eres policía.
–No, pero soy ladrón que para el caso es lo mismo.

* * *

–Lo siento, pero tuve que ir a dejar a mi esposa a casa.
–No me habías dicho que fueras casado.
–Y no lo era, me he casado hoy.

* * *

–Disculpa que haya llegado tan tarde, cariño. Pero es que no recordaba con quién había quedado para hoy.

* * *

–Podrías ser más puntual, Marisa.
–Pero es que tú piensas que eres el único a quien tengo que atender.

* * *

–Iba a llegar sólo un poco tarde, pero como a mí no me gusta hacer las cosas a medias...

* * *

–Lo siento, Roberto, pero he llegado tarde con la esperanza de que no me esperarías.

* * *

–¡Ay, Mariano! Es que fui a darle gracias a la Virgen por haber encontrado a un hombre tan paciente como tú.

* * *

–Lo siento, Pepe, se me ha hecho tarde. Ahora apresurémonos, que no quiero llegar tarde a las otras citas.

* * *

–Va, ponle otra velita al pastel y perdona mi retraso, cariño.

* * *

–¡Claro que soy muy puntual! Siempre llego puntualmente tarde.

❊ ❊ ❊

–No llego con doce horas de retraso, pero como tú me dijiste que a las 8 p.m. yo entendí que a las 8 *para mañana.*

❊ ❊ ❊

–Nada más cerca de mi intención que llegar temprano, pero nada más lejos que el lugar donde me citaste.

❊ ❊ ❊

–No te preocupes mi amor, ésta es la última vez que llego tarde a nuestras citas, mañana huyo con tu hermana para la China.

❊ ❊ ❊

–Es que la moto no tiraba.
–Ya te he dicho que mires bien lo que te robas.

❊ ❊ ❊

–Es que se alargó mucho la misa, Marta.
–No sabía que eras creyente.
–Y no lo soy, pero soy cura.

* * *

–Cariño, lo siento mucho, pero me tuvieron que llevar a Urgencias.
–Pues con lo que has tardado, no lo parece.

* * *

–Pero, Martita. Tú ya sabes que soy cartero.
–Sí, pero tampoco es como para que llegues con tres días de retraso a una cita.

* * *

–Cosme, perdóname por no haber acudido a la cita, pero es que me secuestraron.
–¡No me digas! ¿¡Un rapto!?
–No, toda la noche.

* * *

–Disculpa que llegue tarde, pero es que estuve llamando por teléfono durante dos horas para ver si encontraba a alguién más interesante para salir.

* * *

–¿Piensas poner en cámara lenta toda la película?
–Sí, es que estoy esperando a mi novia.

* * *

–Disculpa, cariño, pero es que tuve que ir al salón de belleza.
–Pues ya que fuiste, haber entrado.

PARA NO ESTUDIAR

–Es que con tanto silencio no me puedo concentrar.

* * *

–Y como no soy clasista, no pienso ir a clase.

* * *

–¿Y cuándo termine la Universidad, qué?
–Que has de trabajar e independizarte.
–¡Ah! entonces no vale la pena ni que comience.

* * *

–No pienso estudiar Educación Sexual hasta que pongan prácticas en el laboratorio.

* * *

–He dejado la química. Es que no soy reaccionario.

❊ ❊ ❊

–Si en las matemáticas no hubieran tantos números...

❊ ❊ ❊

–¿Sabes por qué no tengo coeficiente intelectual? Pues porque odio las matemáticas.

❊ ❊ ❊

–Yo dejé de estudiar mineralogía porque era una carrera poco animada.

❊ ❊ ❊

–A mí me cuestan mucho los estudios.
–¿Eres lento?
–No, voy a una escuela de pago.

❊ ❊ ❊

–Yo soy muy ecologista y me niego a estudiar con esta luz proveniente de una central nuclear.

¿INTERE$ADA YO?
¡QUE VA! $IMPLEMENTE APLICO MI$ CONOCIMIENTO$ DE GERIATRÍA.

***

–No me encuentro lo suficientemente caliente como para estudiar termodinámica.

***

–Lo siento, pero ahora tengo la cabeza muy cargada. ¿Qué no ves el casco?

***

–No estudio porque me aburro como una ostra, y el psicólogo me ha dicho que debo ser más abierto.

***

–Yo quería ordenarme como sacerdote, pero nunca he soportado que nadie me ordene nada.

***

–Yo quería estudiar leyes, pero considero que es a los acomodadores de teatro o de cine a los que les corresponde sentar jurisprudencias.

***

–Pues yo estudié de todo y nunca aprendí de nada, por eso me metí a político.

❋ ❋ ❋

–Pues yo dejé la carrera de leyes porque después de estudiar para sacar el título, me dijeron que tendría que seguir estudiando casos.

❋ ❋ ❋

–Yo quiero estudiar como un príncipe: un año aquí, otro año allá... y que me den varios títulos por salir en la tele.

❋ ❋ ❋

–He estado estudiando la manera de no estudiar, pero como se me dan tan mal los estudios...

❋ ❋ ❋

–No sé que esperan para inventar los estudios *ligth.*

❋ ❋ ❋

–Yo quisiera estudiar Cuartecomositectodremia.
–Lo siento, pero aún no se ha inventado esa carrera.
–No importa, espero.

* * *

–Yo he repetido diez veces el mismo curso porque me gusta aprender las cosas a fondo.

* * *

–¿Y cómo quieren que yo estudie a fondo si no sé nada de submarinismo?

* * *

–Yo quería estudiar para mimo, pero como mi mamá no me mima.

* * *

–De grande seré arrastrador, tengo una larga experiencia en arrastrar materias.

* * *

–Ya no estudio mis materias porque soy dialéctico, y no materialista.

❋ ❋ ❋

–Nací para millonario, y como no hay carrera para millonarios prefiero estudiar la compra de billetes de lotería.

❋ ❋ ❋

–¡Qué estudien los burros y los ignorantes!

❋ ❋ ❋

–No hace falta estudiar para llegar a la misma conclusión que Sócrates: Sólo sé que no sé nada.

❋ ❋ ❋

–Yo me he pasado la vida estudiando natación: nada que nada.

❋ ❋ ❋

–Yo siempre me he sentido muy llamado al estudio, pero como soy un poco sordo...

* * *

–Siempre me han dicho que he de estudiar para labrarme un porvenir, pero como a mí no me gusta nada la agricultura...

* * *

–Siempre me dicen que haga mis deberes, no sé si también me pedirán que haga mis derechos. Yo, por si las dudas, no hago nada.

* * *

–¿¡Has estudiado a Cervantes?
–Calla, que con no estudiar a Quevedo tengo bastante.

* * *

–¿Qué estudios tienes?
–Tuve, y gracias a Dios ya no los tengo.

* * *

–¿Has repasado el Quijote?
–Sí, y no le encontré nada irregular.

❊ ❊ ❊

–¿Hizo el problema de matemáticas?

–¿¡Yo!? El problema lo hizo usted y quiere que nosotros se lo resolvamos. Es que hay cada profesor más cara dura.

❊ ❊ ❊

–¿Qué, piensas estudiar cuando se haya acabado el curso?

–No, tampoco pienso estudiar entonces.

❊ ❊ ❊

–A principio de curso nos traen locos con la compra de libros, materiales y uniformes. Después vienen las actividades y las salidas culturales. Luego los puentes, la semana santa y las navidades. Más tarde la preparación de fin de curso. Y por último, la preparación y el disfrute de las vacaciones. Que me diga alguien a qué hora podemos estudiar los alumnos con tantas responsabilidades.

❊ ❊ ❊

–La culpa de que yo no estudie la tienen mis padres.

–¿Son conflictivos?

–No, son archimillonarios.

❊ ❊ ❊

PARA EVITAR EL MATRIMONIO

–Marisa, ¿quieres casarte conmigo?
–¿¡Otra vez!?

* * *

–¿No entiendes que no puedo tener hijos?
–¿Por qué?
–Porque los hombres no podemos tener hijos, Hortensia.

* * *

–Es que no puedo abandonar a mi madre.
–Pero si tu madre está muerta.
–¡Claro! Y es ahora cuando se encuentra más sola y desvalida ante la vida.

* * *

–Lo siento Maruja, pero soy homosexual.
–¡Qué casualidad! Yo soy un hombre operado.

❊ ❊ ❊

–Es que tengo muchas manías... y la peor es la que siento por el matrimonio.

❊ ❊ ❊

–No me casaré con Paula porque no es virgo.
–Tú y tus manías astrológicas.

❊ ❊ ❊

–Lo siento, Pepita, pero no me puedo casar con una mujer que no gane lo suficiente para mantenernos a los dos.

❊ ❊ ❊

–Yo me casaría contigo inmediatamente, pero aborrezco la trigamia.

❊ ❊ ❊

–Claro que no me importa tu gordura. Pero te juro que no he encontrado ninguna cama donde quepamos los dos.

❊ ❊ ❊

TÚ NO ERES BAJITA, MI AMOR...
...ERES PROFUNDA.

–¿Qué no sabes que el matrimonio es la tumba del amor?
–¿Lo dices porque eres un muerto de hambre?

❊ ❊ ❊

–Pues yo me casé para aumentar mi actividad sexual.
–¡Qué curioso! yo me divorcié por lo mismo.

❊ ❊ ❊

–¿Te quieres casar conmigo?
–No, pero si no encuentro pronto un empleo seguro...

❊ ❊ ❊

–Pepe, ¿Te quieres casar conmigo?
–Ya te dije que nadie querrá casarnos, Rodolfo.

❊ ❊ ❊

–Tenemos que casarnos, Paco.
–Sí, Maruja. Pero tu primero.

❊ ❊ ❊

–Jorge, llevamos quince años viviendo juntos. Creo que es hora de casarnos.
–Tú siempre tan impetuosa e irreflexiva, mi amor.

* * *

–Mi madre dice que no me convienes como marido.
–Tiene razón, y yo no podría convertir en una horrible suegra a una mujer tan sensible e inteligente.

* * *

–Pepe, ¿por qué tengo la sensación de que no te quieres casar conmigo?
–Porque siempre has sido muy intuitiva, mi amor.

* * *

–¿Te imaginas nuestra vida de casados?
–Sí, y no pienso romper la magia de esa fantasía.

* * *

–Me dicen que ya es hora de que siente cabeza, pero como a mí el yoga nunca me ha gustado...

* * *

–El matrimonio es antinatural, o dime, ¿tú has conocido a alguien que haya nacido casado?

* * *

–Yo no me caso porque me han dicho que el matrimonio es como una inyección de hierro. Al principio no sientes nada, pero después duele, duele y duele.

* * *

–...Te cuidaré, te haré tus tres comidas diarias, te lavaré tu ropa, te plancharé las camisas, te apoyaré en tu trabajo, te levantaré todos los días con mimos, haré el amor contigo a todas horas y no me separaré ni un sólo momento de tu lado...

–¿Y aún así quieres que me case contigo? Si a ti lo que te hace falta es un esclavo, un consolador y un perrito.

* * *

–Me pedistes unos años de prueba, pero nuestros nietos necesitan saber que lo nuestro es definitivo.

* * *

–Le dije que me dejara pensarlo, pero como soy tan tonta...

* * *

–Deja que termine mis estudios universitarios y nos casamos, total, sólo me faltan dos años para terminar la educación básica.

* * *

–...Y nunca pierdas las esperanzas, conque me pierdas a mí basta.

* * *

–Si no me caso contigo, no me casaré con nadie.
–Mira, no sabía que fueras tan humanitaria.

* * *

–¿Qué es lo primero que te pone la policía cuando has perdido tu libertad?: ¡las esposas! Y como yo no soy ningún criminal...

* * *

–La última vez que lo intenté me puse malísimo.

* * *

–Pues yo, la última vez que lo intenté me puse buenísima, y me dije, ¿para qué desperdiciar todo esto en un sólo intento?

❋ ❋ ❋

–Yo, la última vez que lo intenté, simplemente me puse a cien por hora y en dirección contraria.

❋ ❋ ❋

–Y para qué casarse, si el matrimonio es como el demonio.
–¿Y cómo es el demonio?
–Cornudo y recalentado.

PARA NO HACER EL AMOR

–Es curioso, antes de casarnos mi mujer buscaba cualquier pretexto para hacer el amor. Y ahora encuentra todas las excusas para no hacerlo.

* * *

–Estoy cansado.
–¿Del trabajo?
–No, de ti.

* * *

–Tengo sueño.
–Pero si eres insomne.
–Por eso, déjame aprovechar esta buena racha.

* * *

–Es que mi amor ahora es diferente.
–¿Más puro?
–Y más aburrido.

❋ ❋ ❋

–Tengo jaqueca.
–Pero si no te he pedido que pienses.

❋ ❋ ❋

–Tenemos visita.
–Pero si tu madre ya lleva aquí cinco años.

❋ ❋ ❋

–¿Y qué culpa tengo yo de que los días de dispensa que me dio el cura correspondan con los de mi menstruación?

❋ ❋ ❋

–No tengo ganas.
–Pues entonces ten un poco de voluntad.

❋ ❋ ❋

–Me duele la cabeza.
–Pues pongo la almohada.

❋ ❋ ❋

NO ME DÍ CUENTA
DE LO QUE HACÍA...
...LA HABITACIÓN ESTABA
MUY OSCURA.

–Estoy deprimida.
–¡Qué raro! Con lo tapiadas que tienes las hendiduras.

❊ ❊ ❊

–Tengo la regla.
–Pues si quieres, me lo envuelvo con algodón.

❊ ❊ ❊

–No me siento bien.
–Pues lo hacemos acostados.

❊ ❊ ❊

–Me duelen los ovarios.
–Se te estarán atrofiando.

❊ ❊ ❊

–Tengo la gripe.
–Pues deja que te ponga el termómetro.

❊ ❊ ❊

–Es tardísimo.
–No te preocupes, te juro que seré precoz.

* * *

–¡Pero si son las siete de la mañana!
–Venga, que no te vendrá mal madrugar.

* * *

–Lo siento, pero he decidido entregar mi alma a Dios.
–¿Y quién te está pidiendo el alma?

* * *

–Está cerrado.
–¿Por obras o por derribo?

* * *

–¡Manolo, Manolo! Me está violando un gorila salvaje. ¡Auxilio!
–Pues dile que tienes jaqueca.

* * *

–María, ya sabes que tengo que cumplir con la dieta.
–¿Así se llama tu nueva secretaria?

* * *

–No, Manuel. Que tengo muchos gases.
–Ya decía yo que estabas comprando mucho butano.

* * *

–Ni pensarlo, Miguel. Estamos en semana santa.
–Pues entonces atiende a la Pasión de tu Señor.

* * *

–No, Manolo. Que ya lo hemos hecho tres veces.
–Sí, pero en quince años de matrimonio.

* * *

–Ni pensarlo, tengo hemorroides, la regla, anginas, golondrinos en las axilas, verrugas en los pies y llagas en las manos...
–...Si me dices que tienes una infección de oídos, ¡te mato!

* * *

–No, que no quiero tener más hijos.
–¿¡A los setenta años!?

* * *

–Guárdate tus cartuchos viejito, que mi conejito ya está muerto.

–Pero si aún no hemos cumplidos los cincuenta años.

–Sí, pero de casados.

* * *

–Una vez al año no hace daño, y tú ya tuviste tu ración para destapar el caño.

* * *

–Una vez al mes, bueno es, pero siempre al derecho y nunca al revés.

* * *

–Una vez a la semana es cosa sana, cuando no te ha salido aún ninguna cana.

* * *

–Pero diario y todos los días, eso son puras porquerías.

* * *

–Pues yo hago el amor siete veces al día.
–¡Eso es un milagro!
–No, es una mentira.

* * *

–¿Es que no lo entiendes, Manolo? Tengo un gran vacío en mi vida...
–Sí, y cada vez que ofrezco llenártelo, me sales con tus tonterías.

PARA
HACERLO

–La puntita nada más.

❋ ❋ ❋

–Quizá sea lo último que haga en mi vida.
–¿Tienes cáncer?
–No, he suspendido todo el curso. Y si se entera mi padre...

❋ ❋ ❋

–Si no lo hacemos, tú serás la culpable de que pesque el SIDA.

❋ ❋ ❋

–Es para un trabajo de la escuela.

❋ ❋ ❋

–Mira, me pongo esta goma y no hay peligro.
–¡Pero si eso es una goma de pollo, una liga!
–¡Jo! ya me ha vuelto ha engañar el de la botica.

❋ ❋ ❋

–No te preocupes, te juro que el 30 de febrero me hice la vasectomía.

❋ ❋ ❋

–Si te gusta, repetimos. Y si no, pues tan amigos...

❋ ❋ ❋

–Tómalo como una experiencia más.
–Y tú como una experiencia menos.

❋ ❋ ❋

–Si esto es como darse la mano.
–Pues síguetela dando.

❋ ❋ ❋

–Hay que probar de todo.
–Menos de lo que te da asco.

¡EL SEXO ES UNA PORQUERÍA!
SI FUERA BUENO, ALGUIEN ME LO HABRÍA HECHO.

❊ ❊ ❊

–No dejes para mañana lo que puedas hacer hoy.
–Es que yo ya lo hice ayer.

❊ ❊ ❊

–Te juro que mañana nos casamos.
–Pues entonces, hasta mañana.

❊ ❊ ❊

–Te juro que conmigo te puedes llevar una sorpresa.
–Pero si la tienes pequeñísima.
–¡Jo! ya echastes a perder la sorpresa.

❊ ❊ ❊

–Si nada más va a ser un momentito.
–¡Jo! y encima eyaculador precoz.

❊ ❊ ❊

–Déjame demostrarme a mí mismo que no soy impotente.
–¿Y para eso quieres la cámara, el espejo y el vídeo?

❊ ❊ ❊

–Dame una oportunidad.
–Si pagas por adelantado...

* * *

–Es que el doctor me dijo que me hacía mucha falta y tú puedes darme el remedio para mi enfermedad.
–¿Es que me has visto cara de farmacia?

* * *

–Si no es contigo, me la corto.
–¿Qué prefieres, tijeras o cuchillo?

* * *

–Te juro que tengo buenas intenciones. No te cabrá la menor duda.

PARA NO IR
A LA MILI

–¿Y si no me dejan llevar a mi osito de peluche?

* * *

–Soy objetor de conciencia. Y además, este año quería hacer un cursillo de mercenario en Sudáfrica.

* * *

–Es que tengo los pies tan planos, que se me entierran en las locas cuando subo unas escaleras.

* * *

–Tengo problemas sexuales.
–¿Eres marica?
–No, soy virgen.

* * *

–Es que no me dan permiso mis papás.

* * *

–Es que yo no tengo ombligo, y como es obligatorio...

* * *

–Es que me hago pipí en la cama.

* * *

–Es que no soporto a los vaqueros, y como ahí siempre dan «rancho»...

* * *

–Es que no me sienta bien el uniforme.

* * *

–Yo sólo voy a la mili si me prometen que será a mí a quien esa Diana le toque la trompeta.

* * *

¿CALVO YO?
¡QUÉ VA! ES QUE SOY UN HARE-KRISHNA.

–Lo siento, pero no podré ir a la mili por pérdida de sensibilidad.
–Pues yo te veo normal.
–No te creas, desde que me llamaron a filas que no me siento los huevos.

* * *

–Pues yo no podré ir porque soy alérgico al verde.
–No te preocupes, te ha tocado la marina.

* * *

–¡Ya ve como no doy la talla!
–Claro, está usted de rodillas.

* * *

–Yo no puedo ir a la mili, padezco una terrible enfermedad contagiosa.
–¿El SIDA?
–No, el pánico.

* * *

–Es que soy paralítico.
–Pero si se está moviendo.
–Será por los nervios.

* * *

–Necesito que me den una prórroga.

–¿Para qué?

–Pues, para pensármelo mejor.

* * *

–Y no pasará como impedimento físico una «picha» pequeña.

* * *

–Yo, como soy tan gordo, seguro que soy excedente de cupo.

* * *

–Yo también sufro un impedimento. Desde que supe que tenía que ir a la legión, ya no se me levanta el vigésimo primer dedo.

* * *

–¿Y los presos van a la mili?

–No hagas tonterías, al fin y al cabo ahí estarás como preso.

* * *

–Mi padre dice que me hace falta una buena mili, y ¿cómo me va a hacer falta?, si él mismo dice que tengo de todo.

* * *

–No puedo ir a la mili porque soy completamente calvo. Así que ningun sargento querrá tener a un recluta al que no pueda decirle: «¡Mira que se te va a caer el pelo!»

* * *

–Lo siento, pero yo tengo grandes cargas familiares.

–¿Mantiene usted a su familia?

–No, pero soy el encargado de cargar al abuelo.

* * *

–Y yo que me casé y que tuve dos hijos para no ir a la mili, ahora tengo mujer e hijos para rato cuando la mili dura sólo un año. ¡Buaaahhh!

* * *

–Yo tengo graves deficiencias mentales.
–¿Y no quieres hacer la mili?
–¡Claro que quiero!
–¡Jo! entonces es cierto.

❋ ❋ ❋

–Mi religión me prohibe el contacto con las armas.
–Ya sé a quién le va tocar pelar las patatas.

❋ ❋ ❋

–Le juro mi sargento que estoy embarazado.
–No es cierto.
–¿Cómo lo sabe?
–Porque trae en su macuto compresas para la menstruación.

❋ ❋ ❋

–¿Y no te dan la excepción por feo?
–No.
–¿Ya ves? no puedo hacer la mili en un ejército tan antiestético.

❋ ❋ ❋

–Yo no puedo hacer las mili por que soy muy vicioso, y si le cojo el gustillo, no veas...

❋ ❋ ❋

–Yo no puedo ir a la mili porque no soy peluquero.
–¿Y?
–Hombre, que no soy apto para «pelar» guardias.

❋ ❋ ❋

–Pues yo me niego a ir a la mili mientras no hagan exámenes de selectividad como en la Universidad. No esperarán que me junte con cualquier cateto.

❋ ❋ ❋

–Es que yo soy masoquista, y como ahora dan un trato más humano, pues no me apetece ir. Y si me encarcelan por ello, mejor.

PARA NO PAGAR

–Es que hoy no puedo.
–Haz un esfuerzo.
–¡Nnnghhh! Lo siento, no puedo.

* * *

–Te pago el martes.
–Lo mismo me dijiste la semana pasada.
–Es que a mí me gusta mantener la palabra.

* * *

–Si te pasas por aquí mañana...
–¿Me pagarás?
–No, pero te prometo que ya no me vuelves a ver.

* * *

– ¿Y tú crees que por diez míseros millones me voy a esconder?

* * *

–Te juro que tendrás tu dinero a fin de mes.
–¿Me pagarás?
–No, pero cobrarás tu sueldo, ¿no?

* * *

–¡Jo, jo, jo, jo, je, je, je, ji, ji, ji! Cuando mis acreedores sepan que el juzgado me ha autorizado la suspensión de pagos...

* * *

–Pues yo no pago porque soy insolvente.
–¿No tienes dinero?
–Sí, pero el otro día me metí en el agua y no me deshice.

* * *

–Yo no pago porque tengo una economía flotante. Imagínate, tengo todos los pagos suspendidos.

* * *

–Es que si me pusiera a pagar todo lo que debo, dejaría de ser millonario.

...EL TIEMPO FATAL, ESTOY DESEANDO VOLVER.

❊ ❊ ❊

–Yo tengo una gran capacidad de endeudamiento, pero un pésima capacidad de pago.

❊ ❊ ❊

–No puedo pagarte por cuestiones de salud. Sé que sufres del corazón y no quiero darte tan violenta sorpresa.

❊ ❊ ❊

–Y para qué quieres que te pague, si le vas a prestar el dinero al primer estafador que te salga al paso.

❊ ❊ ❊

–Y no pienso pagarte intereses sólo para que veas que no soy un interesado.

❊ ❊ ❊

–No creas que me olvido de que te debo.
–Ya, de lo único que te olvidas es de pagarme.

❊ ❊ ❊

–¡Jo! con estos empleados; primero vienen a pedirte trabajo. Uno buenamente se los da. Y al mes ya quieren empezar a cobrarte.

* * *

–Yo, que te he dado la mano como un padre, que te he ayudado como a un amigo. ¿He de aguantar que después de unos trabajos que me has hecho exijas un pago? Eres un ingrato.

* * *

–Imagínate, sólo porque me ha dado a ganar unos millones viene a pedirme un porcentaje.

–Pero es lo que marca la ley, ¿no?

–Es que yo no veo la televisión, ¿sabes?

* * *

–Pues yo me compre un BMW y no pienso pagarle más que esas tres letras.

* * *

–¿Y cómo quiere que le pague una «hipotética», si las cosas hipotéticas no existen?

–Hipoteca, señor Pérez, hipoteca.

❊ ❊ ❊

–Usted me sugirió que le pagara, y yo acepté oír su sugerencia. Si no tiene nada más que sugerir...

❊ ❊ ❊

–Por algo me dicen la chequera más rápida del oeste.

❊ ❊ ❊

–Yo te pague todo con un cheque, ¿o no?

–Pero el cheque no tenía fondos.

–¿Y qué culpa tengo yo de que los bancos hagan cheques de tan mala calidad?

❊ ❊ ❊

–No me digas cuánto te debo, mejor dime cuánto pretendes cobrar.

❊ ❊ ❊

–¿Que por qué te pago cinco? Pues porque no sé contar hasta diez.

❊ ❊ ❊

–Pídele a Dios que pueda pagarte algún día, porque lo que es a mí...

❊ ❊ ❊

–A quién se le ocurre prestarme trece millones, con lo supersticioso que soy.

❊ ❊ ❊

–Oiga, pero su hijo ya me ha pagado.

–Claro, porque él tiene un padre millonario. Pero como yo no lo tengo, pues usted sabrá disculparme.

❊ ❊ ❊

—Si yo le iba a pagar ayer, pero como no me encontró...

❊ ❊ ❊

–¿Tiene usted idea de lo qué me cuesta pagarle?

❊ ❊ ❊

–Lo siento, pero ha tardado demasiado en cobrarme.

❊ ❊ ❊

–No se preocupe, la semana próxima le diré cuándo podré empezar a pagarle.

* * *

–Disculpe, pero no he podido pagarle porque tuve que salir de emergencia a Brasil, Disneylandia y la Costa Azul.

PARA NEGAR NUESTRA EXISTENCIA

–Lo siento, pero dice el señor abogado que no está.

* * *

–Disculpe, pero el gerente no se puede poner ahora.
–¿Y dentro de quince minutos?
–Llame, si usted quiere. Pero me ha dicho que si *usted* llama tampoco se pondrá poner.

* * *

–Lo siento, pero el señor director tiene una reunión.
–¿Administrativa?
–No, obligatoria. Está con su nueva secretaria, ¿sabe?

* * *

–Señorita, si llaman los del sindicato dígales que me fui a la China.
–¿Y cuánto tardará en volver, señor director?

* * *

–Disculpe, pero el jefe está reuniendo al personal.

–¿Una asamblea?

–No, un atentado, y como todos quedaron hechos trocitos...

* * *

–El señor gerente no le puede atender. Está en la otra línea.

¿De teléfono?

–No, en la otra línea del Metro.

* * *

–¿Tardará mucho en llegar su jefe?

–No, ya se ha ido.

* * *

–Señorita, si llama mi mujer, dígale que no estoy.

–No podré, señor director.

–¿Por qué?

–Porque yo estaré con usted, ¿lo recuerda?

* * *

NO SE PREOCUPE, A MÍ LAS JOVENCITAS NO ME INTERESAN.

–No es que yo no quiera dar la cara, pero como nada más tengo una...

❋ ❋ ❋

–Te juro que no te pude atender por causas de fuerza mayor... no podía quitarme a mi suegra de encima.

❋ ❋ ❋

–Te juro que estuve en Mallorca, me fue imposible estar contigo... huele mi boca, aún conserva el aroma de las ensaimadas.

❋ ❋ ❋

–¿Esta el señor Pérez?
–Sí, ¿de parte de quién?
–Del señor González.
–¡Ah! entonces no está.

❋ ❋ ❋

–¡Dígale a su jefe que se ponga si tiene pelotas!
–Dice que no está y que sí tiene.

❋ ❋ ❋

–¡Dígale al gerente que se ponga si tiene vergüenza!
–Dice que tiene tanta, que le da corte hasta ponerse.

* * *

–No es que no te haya querido recibir, pero como soy tan tímido...

* * *

–Lo siento, pero el gerente no se puede poner al teléfono porque está invisible.
–¡Pues dígale que se vista!
–Vestido está, pero como me dijo que no quería que nadie lo viera.

* * *

–Me ha dicho el jefe que no puede recibirle porque está muy ocupado. ¿Por qué no le llama después de que se haya acabado el teleculebrón que están echando por la tele?

* * *

–Yo nunca he tratado de evitar mis responsabilidades, sólo las he pospuesto.

* * *

–Lo siento, pero el jefe ha tenido que salir.
–¿Adónde?
–No lo sé exactamente, pero me dijo que lo más lejos posible de usted.

* * *

–El jefe no está, ha salido del país.
–¿Y cuándo volverá?
–Cuando prescriba la demanda que usted le ha puesto.

* * *

–Señorita, llame al señor Pérez de mi parte, y cuando le conteste, dígale que no estoy.

* * *

–¡Dios mío! –dice el creyente en la Iglesia–, ¡Escúchame, dios mío!
–ESTE ES EL CONTESTADOR AUTOMATICO DE DIOS. AHORA NO PUEDE ATENDERLE. DEJE SU MENSAJE DESPUES DE QUE SUENEN LAS CAMPANAS CELESTIALES. EL LE LLAMARA DENTRO DE UNA ETERNIDAD. GRACIAS.

* * *

NO ES QUE TENGA LA NARIZ GRANDE...
...ES QUE TENGO LA CARA PEQUEÑA.

–Hola, soy la maestra de la escuela, ¿está Pepito?
–No, Pepito no eztá, zoy mi papá, ¿dígame que quiede?

❊ ❊ ❊

–Hola, Marta, ¿estas ahí?
–HOLA, SOY MARTA. AHORA NO PUEDO ATENDERTE. SI TIENES ALGUNA PROPOSICION MATRIMONAL QUE HACER DEJA TU MENSAJE DESPUES DE OIR EL ZUMBIDO. SI NO, VETE A LA MIERDA. GRACIAS.

❊ ❊ ❊

–¡Jo! me he estado llamando todo el día a casa y a la oficina, pero se ve que no estoy, o simplemente que no quiero atenderme.

❊ ❊ ❊

–¡Joder, Manolo! Estoy harto de buscarte y de perseguirte.
–Pues que poca resistencia tienes, yo aún no me he cansado de esconderme.

❊ ❊ ❊

–Yo nunca me oculté de nadie, lo que pasa es que son malos buscadores.

CUANDO LA PEREZA NOS ABRUMA

–Ya que estás de pie, ¿qué podrías ir a trabajar por mí?

❋ ❋ ❋

–Ya que vas a la farmacia, ¿qué me podrías traer unos somníferos?

❋ ❋ ❋

–Yo te acompañaría al mercado, pero aún tengo que limpiar el sofá para dormir la siesta.

❋ ❋ ❋

–Mi abuelo fue minero, mi padre fue campesino. Ambos trabajaban de sol a sol. Es lógico que yo haya nacido tan desgastado.

❋ ❋ ❋

–Yo sólo me levanto de la cama cuando mi esposa me mete en ella.

❊ ❊ ❊

–¡Qué raro! cuando me levanto me da hambre; y cuando como me da sueño.

❊ ❊ ❊

–Yo no soy flojo, lo que pasa es que en mi organismo tengo algunos genes de oso ¡Ay! quién pillara un invierno.

❊ ❊ ❊

–Hoy desperté con muchas energías, y pensé que lo mejor era no desperdiciarlas.

❊ ❊ ❊

–Yo no entiendo como existe gente que se cansa de descansar.

❊ ❊ ❊

–Si no te dejara hacer todo a ti, ¿cómo ibas a aprender a hacerlo?

❊ ❊ ❊

–Yo siempre estoy en la mejor disposición de ayudarte, siempre y cuando no esté haciendo la siesta, comiendo o durmiendo.
–Entiendo, cinco minutos al día.

* * *

–¿Me podrías traer un vaso de agua?
–Pero si tienes la jarra enfrente.
–Sí, pero me tendría que inclinar para cogerla.

* * *

–Dicen que la fatiga mental es terrible.
–Sí, yo por eso no hago el esfuerzo de pensar en nada.

* * *

–Sí, Pablo, te convendría mucho ir al gimnasio. Además, no creo que el profesor se de cuenta del cambio. La única vez que me acerqué hasta ahí fue para apuntarme, y aún tengo agujetas.

* * *

–Me mudé al centro de la ciudad para evitar la fatiga de subir al autobús, pero fue un error. Ahora tengo que ir caminando a todos los lados porque todo me cae cerca.

❋ ❋ ❋

–Me encanta la actividad, no me canso de mirarla.

❋ ❋ ❋

–Disculpa que no te ayude, pero es que he quedado tan agotado después del partido de fútbol...

–¿Y dónde jugastes?

–¿¡Jugarlo!? ¡Qué va! Lo vi en la tele.

❋ ❋ ❋

–¿Hoy no tenías que levantarte muy temprano?

–Sí.

–¿Y qué haces en la cama?

–Me levanté, sólo que volví a acostarme porque aún no habían puesto las calles.

❋ ❋ ❋

–¿Por qué será mi hijo tan perezoso?

–Hombre, en algo tenía que parecerse a ti.

❋ ❋ ❋

–Me descalificaron de la carrera de maratón.

–¿Por qué?

–¡Bah! sólo porque iba en motocicleta.

* * *

–Va, Maruja, deja que te lo haga Juan, ¿qué no ves que yo estoy muy cansado?

* * *

–¡Qué bueno que no nací perro!
–¿Por qué?
–Te imaginas que fatiga, tener que estar levantando todo el día la pata.

* * *

–No es que sea perezoso, es que me aburre estar haciendo cosas.

* * *

–¡Y para que no digas que todo el día me lo paso en la cama!...a partir de hoy la voy a alternar con el sofá.

* * *

–¡Jo! ya podrían haber inventado una mando a distancia para encontrar el mando a distancia del televisor.

* * *

–No es que me de pereza salir de casa, es que tengo miedo de que al salir vengan los ladrones.
–¿Y si vienen mientras estás tú?
–Pues conque no me despierten, basta.

* * *

–¿Me puedes pasar la sal?
–No, no quiero. Cógela tú mismo.
–Bueno, al fin que el doctor me dijo que la sal era mala para los nervios y que aceleraba el corazón.

* * *

–Estoy dispuesto a pasarme la vida esperando, hasta saber lo que la vida espera de mí.

* * *

–¿No crees que deberías hacer algo?
–Es que yo no soy creyente.

* * *

–Y como Marilyn Monroe me dijo: «Si quieres acostarte conmigo ya puedes esperar sentado», pues yo aquí, al pie del cañón desde entonces.

PARA LAS MALAS ACCIONES

–Yo sólo quería abrazarla.
–¿Entonces para qué la has abrasado?
–Es que no sé pronunciar la «z».

❋ ❋ ❋

–Disculpa, fue sin querer...
–¡Entonces, sácamela!

❋ ❋ ❋

–¿Qué –pregunta el dentista– le hago daño?
–No, no mucho.
–Pues espere a ver dentro de dos minutos.

❋ ❋ ❋

–Como me dijo que yo le costaba un ojo de la cara, pues le metí otro ojo.

* * *

–¡No querida! no estoy besando a mi secretaria. Pero como la pobre sufre asma, yo le hago el boca a boca cada vez que se pone pálida. Mira lo blanca que está.

* * *

–Maruja, ¿qué haces con ese hombre en la cama?

–Hombre, ¿cuál hombre?, ¡Ay, bicho, bicho! ¡Sal de entre las sábanas!

* * *

–Yo no quería matarla, pero como estabamos jugando a «el ahorcado» y ella no pudo completar la palabra...

* * *

–Yo no soy drogadicto, yo sólo le pregunte a unos señores por el hipódromo y me dijeron que estos polvitos eran para caballo.

* * *

–Yo no lo quería mutilar, pero como me dijo que quería perder una manita de poker...

MUERTA, POR EJEMPLO.
AÚN ME GUSTAS, PERO DE UNA FORMA DISTINTA.

* * *

–Le juro que no descargue toda la pistola adrede.

* * *

-Yo no quería asaltar a los señores; yo sólo quería mostrar la navaja nueva que me había comprado.

* * *

–Yo no quería robar los zapatos, sólo me los quería probar.

–¿Durante un mes?

–Hombre, es que si no te los pruebas un mes no sabrás nunca si en verdad te van apretados.

EXCUSAS
CLASICAS

–No sé.

–No está.

–Se me olvidó.

–No te había oído.

–No te esperaba.

–Te juro que mañana.

–Yo no te pedí nada.

–No estaba.

–No puedo.

–Ya veremos.

–Yo no tengo la culpa.

–No me deja mi mamá.

–Llámame otro día.

–No depende de mí.

–No me han salido bien las cosas.

–Cuando cobre.

–Tú ya me conoces.

–No me va bien.

–Me sabe mal.

–A mí no me gusta decir mentiras.

–Yo sé mantener mi palabra.

–Puedes contar conmigo.

–Yo soy hombre de una sola palabra.

–No quería.

–No fue mi intención.

–Yo sólo quería ayudarte.

–Así me pagas lo qué he hecho por ti.

–Dame un poco de tiempo.

–Puedes confiar en mí.

–Tengo que consultarlo con mi mujer.

–He de consultarlo con la almohada.

–Deja que hable con mi marido.

–No sé lo que dirá mi socio.

–No fue adrede.

–¿Y quién iba a pensar que las cosas saldrían así?

–Te lo dije.

–¿Y qué esperabas?

–Así es la vida.

–Ya se sabe.

–Tengo que pensarlo.

–Nunca pensé que me harías esto.

–No me he olvidado de tu asunto.

–Lo veremos en otra ocasión.

–Ya hablaremos con más calma.

–Tuve un compromiso.

–No tengo tiempo.

–No volverá a suceder.

–Se me ha acabado la chequera.

–Te juro que no, mi vida.

–Estoy cansado.

–Me duele la cabeza.

–Esta es la primera y última vez.

–Déjalo en mis manos.

–Primero muerto que fallarte.

–Yo no soy como los demás.

–Puedes estar seguro.

¡MARÍA, DIME DÓNDE PUSISTE MI TÚNICA!
¡ADIVÍNALO!
¡MIRA QUE SÍ LO ADIVINO, TE COBRO LA CONSULTA!
¡Y UN JAMÓN!
SÓLO PORQUE ME ESTÁN VIENDO LOS LECTORES TE SALVAS. ¡BRUJA!

–Tengo muchos problemas.

–A mí todo el mundo me hace perradas.

–Me ha fallado todo el mundo.

–Tenemos que hacer cuentas.

–Pregunta a los demás por mí.

–Me han devuelto todas las letras.

–Es que nadie paga.

–Espérame que te conviene.

–Ya verás que bien funcionamos.

–Yo todo lo hago legal.

–A mí me gustan las cosas claras.

–He tenido que atender a otros señores.

–Ya verás como lo solucionamos todo.

–He estado enfermo.

–Estoy deprimido.

–No lo entiendo.

–...Y encima los problemas de casa.

–Los demás son tontos.

–Yo soy el bueno de la película.

–La gente no me responde.

–La vida está llena de injusticias.

–La culpa la tiene el gobierno.

–Es el sistema en que vivimos.

–Yo sólo tengo ojos para ti.

–Yo ya estoy viejo para eso.

–No me gusta tener problemas.

–Ayudan a todos, menos a mí.

–Si no fuera por mí...

–No hay nadie como tú.

–Nadie te dará más que yo.

–El mundo es de los enchufados.

–Es injusto.

–Dime, ¿qué gano yo con eso?

–Cómo puedes pensar eso de mí.

–Yo siempre te he sido fiel.

–Es que a la gente le gusta hablar por hablar.

–No puedo creer lo que estoy escuchando.

–Si yo lo hacía por tu bien.

–Me duele más que a ti.

–Son cosas que pasan.

-Qué mejor garantía que mi palabra.

–Te han informado mal.

–Eres la primera persona con quien tengo un problema así.

–Tan bien que iba todo.

–Conmigo tienes un futuro.

¡HIC!
HIP!
¿BORRACHO YO? ¡QUÉ VA!
LO QUE PASA ES QUE ME PUSE DEMASIADA LOCIÓN.

–Pero no lo cobres hasta el lunes, ¿eh?

–Es que no lo pensé.

–Había huelga.

–Estaba cerrado.

–No lo ví.

–Me has pillado de sorpresa.

–Tuve un accidente.

–No lo comprenderías.

Nota.– También se podría decir simplemente: No quiero. No tengo ganas. O, ya te apañarás. Pero no quedaríamos igual de bien.

EXCUSAS Y PRETEXTOS POR CORRESPONDENCIA

Unas de las formas más habituales de recurrir a una excusa o a un pretexto, es por medio de la correspondencia o de los telegramas, ya que por estos cauces no es necesario dar la cara.
Aprenda cómo hacerlo, y así se ahorrará golpes y saliva. Aunque, por otro lado, tendrá que gastar en hojas, tinta, sobres y sellos.

CARTA DEL NOVIO DESAPARECIDO.

Perida Quetra.

Quiero decir, querida Petra. Es que estoy un poco nervioso, ¿sabes?

Es muy difícil para mí escribir la presente.

Apenas si me sé el abecedario.

Por eso le pedí a tu prima, la Juanita, la que desapareció dos meses después de que desapareciera yo ¿te acuerdas de ella, no? que me ayudara a escribirla.

Siento mucho no poder quedarme al bautizo del niño. Pero ya te habrás dado cuenta de que no me gustan nada las ceremonias religiosas.

No te pondré el remite porque se me olvidará ponerlo, seguro. Pero no creas que le tengo miedo a tu padre y que no te quiero a ti. Ya ves lo mal que me funciona la memoria.

Cuida mucho al niño.

Nos acordamos mucho de ti.
Juan

P.D. Te juro que la próxima vez que me vaya a casar no faltaré a la boda.

CARTA DEL MARIDO REAPARECIDO

Hola cariño.

Ya sé que han pasado muchos años. Pero no sé cuantos.

Y es que sin ti la vida ha perdido el sentido del tiempo para mí.

¡Te he extrañado tanto!

No creas que ese día me fui a comprar tabaco y tuviera la más mínima intención de huir de tu lado, ni del lado de nuestros siete hijos que tan buen apetito tenían.

¡Imagínate! no recordaba ni mi nombre.

No sé por qué misteriosa razón, solamente fui capaz de recordar el número de cuenta de nuestros ahorros.

En cuanto saqué el dinero, me volví a olvidar de todo.

Viajé por todo el mundo buscando mis orígenes y mi identidad sin lograrlo.

Conocí muchas mujeres y tuve muchos hijos en distintos países del orbe. Pero los ataques de amnesia me perseguían y poco a poco, me fui olvidando de todos ellos.

Sólo al ver, hace tres días, tu fotografía en la prensa, se me vinieron todos los recuerdos de golpe a la cabeza. Y el amor que siempre he sentido por ti, volvió a inundarme el corazón.

Por eso decidí escribirte esperando que tu tierno y comprensivo corazón me perdone para que me permitas volver a casa cuanto antes.

Besa a los niños de mi parte, aunque ya sean unos hombres.

Tu Pedro que te quiere

P. D. ¡Ah! y muchas felicidades por haber ganado el premio mayor de la lotería.

ESTABA CHARLANDO AMABLEMENTE CON MI SUEGRA...

... Y ENTONCES ME TROPECÉ CON EL POMO DE LA PUERTA.

CARTA DE UNA AMANTE

Hola leoncito.

Para tener cincuenta y tanto años te has portado como un tigre de Bengala.

Me has dejado inútil para todo el mes.

Te agradezco el detalle de haberme regalado un abrigo de visón para que no pasara frío este verano.

El collar de diamantes tampoco estaba nada mal.

Pero no seas malo, cómprale algo a tu mujercita. Unos guantes de plástico para lavar los platos. O una nueva lavadora. Se ve que la pobre se esfuerza mucho en tenerte bien limpio.

O si lo prefieres, podrías regalarle una dentadura postiza u otra cosa de utilidad.

Ya ves que no soy tan egoísta, aunque quiera tenerte algún día para mí sola. Pero sé que sólo la muerte (de tu esposa, claro) podría unirnos.

Con lo mal que está la pobre. Pero ya sabes: mujer enferma, mujer eterna.

Bueno leoncito, te estoy esperando con impaciencia. Ven con renovados bríos. Mientras tanto tendré que conformarme con verte y saludarte diciéndote Señor Pérez.

La cama aún está tibia.
Tu gatita.

P.D. ¡Ay! disculpe señora Pérez, no sé como ha podido llegar esta carta a sus manos.

CARTA TIPICA DE LOS PARIENTES

Estimado cuñado (o primo, suegro, hermano, etc.)

Espero que todos gozen de buena salud por tu hogar y que las cosas vayan muy bien.

Nosotros nos encontramos bastante bien. Hemos pasado unas vacaciones de fábula en una torre de lujo que alquilamos en la Costa Dorada.

También nos hemos comprado un coche nuevo con aire acondicionado, cierre centralizado, elevalunas eléctrico, marchas automáticas, neumáticos de aleación, frenos ABS, interiores de cuero, volante y tablero de maderas preciosas, y lo hemos asegurado a todo riesgo.

Hemos invertido en una finca, les hemos comprado motos a todos los chicos.

Y a propósito de los chicos, ¿sabes que los mandamos a Inglaterra a hacer unos cursos para que perfeccionaran su inglés? Ahora estamos pensando en mandarlos a Suiza para que perfeccionen el alemán, el francés y el italiano.

Disculpa que no te haya escrito antes, pero he tenido mucho trabajo. Además, no tenía muchas cosas que decirte.

Tu hermana acaba de salir de su cirugía estética anual. Sigue pareciendo una mujer de 20 años.

Ella se ha comprado un estudio en París, cerca de Montmartre, para dedicarse de vez en cuando a su afición de siempre: la pintura.

Yo he terminado un curso de Empresariales Informatizadas que me obligaba a ir a Londres dos veces por mes.

Ahora mismo me están instalando los ordenadores nuevos en mi despacho de la zona alta.

¿Qué, sigues trabajando de administrativo en aquella gestoría?

¿Ya has llevado a tu mujer al dentista? ¿Cómo van tus hijos en la escuela pública? ¿Has podido sacar ya tu 600 del taller? ¿Cómo te ha ido en el camping?

Espero que me contestes pronto. ¡Ah! se me olvidaba. ¿Qué me podrías prestar diez mil pesetas? Ya sabes que te puedes fiar de mí.

Un abrazo.
Tu cuñado Pedro.

CONTESTACION DE LOS PARIENTES RICOS A LOS PARIENTES POBRES

Querida Luisa.

Pepe y yo hemos estado discutiendo acerca de la carta que nos mandaste el mes pasado. Y aunque los dos deseamos que nos vengáis a visitar las próximas vacaciones, no nos hemos podido poner de acuerdo.

Desde que tiramos las cuadras de los caballos no sabemos dónde acomodar a las visitas que nos vienen.

Y ya sabes que los bungalows son de la servidumbre.

Habíamos pensado alojaros en una de nuestras doce habitaciones, pero pensamos que son demasiado grandes y frías para vosotros.

Ya sabes que tu marido sufre de reumatismo y un clima así le podría ir fatal.

Y además, pensamos en tus niños. Los pobres. Acostumbrados como están a tu piso, seguro que se perderían en cualquiera de las habitaciones. Se pensarían que necesitarían un taxi para desplazarse de la cama al lavabo.

También pesamos que las sábanas de seda os podrían resultar alérgicas. Y como aquí no tenemos sábanas de algodón o de esos materiales que te colocan en las rebajas, pues creímos que sería un inconveniente para vosotros.

Me sabría muy mal que te cayeras de la cama al resbalarte con las sábanas.

Y por otra parte, las camas son tan grandes, que no encontrarías a tu marido en toda la noche.

Como sois algo comunistas, se nos planteó el problema de la servidumbre. Vosotros no estáis acostumbrados a estos vicios pequeño-burgueses y no queremos herir vuestra sensibilidad humanitaria.

Por eso, lo único que se nos ocurre es que os instaléis en cualquiera de los hoteles de las cercanías. Todos son preciosos y de cinco estrellas.

Bueno, ya nos diréis algo, y venid cuando queráis.

Un beso.

CARTA COMERCIAL

Doña Pepita Solchaga.

Sentimos mucho no poder mandarle el hermoso conjunto de piel que teníamos de oferta en nuestro catálogo del mes pasado, pero es que se nos han agotado las existencias.

También queremos comunicarle que al no poder satisfacer su pedido, y por tanto, al no haber hecho su compra reglamentaria del mes, pierde usted derecho a los siguientes magníficos regalos.

- 400.000 pesetas por compra rápida.
- Un hermoso brazalete de oro valorado en un cuarto de millón.
- Un viaje a París con todos los gastos pagados.
- Un automóvil último modelo.
- Y su derecho a participar en el próximo sorteo de un departamento de cuatro habitaciones, dos baños, etc., etc., en primera línea de playa.

LO SENTIMOS MUCHO

Pero no se desanime y siga participando.

Se evitaría muchos problemas si escogiera en la compra obligada del mes cualquiera de nustros productos de lujo. Siempre tenemos existencias.

Desgraciadamente, usted optó por la oferta, y ya sabe que lo barato sale caro.

Es una lástima que no pueda tener derecho a sus regalos. USTED HABIA SIDO LA GANADORA DEL CONCURSO, escogida entre los tres millones de clientes que tenemos.

Pero no se preocupe. NADIE MAS SE VA A LLEVAR SUS PREMIOS. Si usted los ha perdido, nadie más podrá gozar de ellos porque han quedado desiertos.

NO DEJE DE COMPRAR NUESTROS ARTICULOS.

Tikito Lapla Ta
DIRECTOR GENERAL.

De la inmobilaria.

No podemos reintegrarle el dineroSTOP Su nuevo departamento sí está en primera línea de playaSTOP Sólo que de la playa más grande del mundoSTOP El desierto del SaharaFIN.

Desde el extranjero

Disculpar no escrito antesSTOP Estados Unidos bienSTOP Estar very happySTOP Inglés no aprendiendoSTOP Español olvidandoFIN.

Venta por catálogo

Señora PérezSTOP No podemos satisfacerlaSTOP La medida de consolador pedida no cabe por buzónSTOP Esperamos instruccionesFIN.

Desde la Mili

Hijo suyo perezosoSTOP Hace tres días que no marchaSTOP Muy fríoSTOP Espera visitaSTOP Traiga ropa negra puestaFIN.

De la suegra

Viajé al JapónSTOP Tarifa reducidaSTOP Regreso no pagan hasta casaSTOP Sólo hasta la vuestraSTOP Mandar dinero o me instalo con ustedesSTOP Quien avisa no es traidorFIN.

Cumplidor

Cumplo disposición abuelaSTOP Dará toda herencia al primero en llegarSTOP Muerta hace un mesSTOP Telegrama retrasado por causas fuerza mayorSTOP Llegar primero yoFIN

Hija desaparecida

Me he perdidoSTOP Mando dineroSTOP Perdonada mandaría másSTOP.

Hijo con problemas de comunicación.

Cartas no entiendoSTOP Telegramas menosSTOP Teléfonos interferenciasSTOP Giros clarísimosFIN.

CUALQUIER PRETEXTO ES BUENO

–El otro día fui a la librería a comprar el *Manual del Atleta incansable.*

–¿Y?

–Nada, me dijeron que estaba agotado.

–¡Bah! esas son excusas.

***

–Mamá –pregunta Jaimito –¿qué es un pretexto?

–Es una cosa que dices cuando no quieres decir la verdad –responde la madre.

–Entonces, ¿es un pretexto cuando Papá te dice : tesoro?

***

–Juan me presento el otro día sus excusas.

–Es todo un caballero.

–Qué quieres que te diga mujer, el que un hombre presente a su mujer y a sus hijas a la amante no lo convierte en un caballero.

❋ ❋ ❋

–Disculpadme caballeros, pero he de excusarme.

–¿Te vas y nos dejas aquí solos en el bar con estas preciosidades?

–No, ahora vuelvo. Pero he de ir a excusarme con mi esposa.

❋ ❋ ❋

–No quiero saber nada de ti –le dice la novia al novio.

–Pero, ¿por qué?

–Porque no me has dicho ni tu nombre.

–¡Esos son puros pretextos! Te juro que si lo hacemos otra vez te digo hasta mi apellido.

❋ ❋ ❋

–El otro día estuve hablando con el jefe acerca de la justicia social.

–¿Y?

–Nada, que se dio cuenta de que era un pretexto para pedirle un aumento de sueldo.

❋ ❋ ❋

–El lunes empiezo la dieta –dice el gordito.
–¿Y por qué no empiezas hoy? –le pregunta un amigo.
–Porque tengo un compromiso. Le prometí a unos pastelitos que nos veríamos hoy.

* * *

–No papá –dice la hija–, no estoy embarazada.
–¿Y esa barriga? –le cuestiona el padre.
–Si te vas a meter con mi figura es mejor que no hablemos.

* * *

–Pepe –pregunta la mujer–, ¿por qué no has ido por el pan?
–Porque presiento que muy pronto te pondrás a dieta.

* * *

–Juan –reclama la abuela–, veo con tristeza que has abandonado la religión de tus padres.
–No abuela –le contestas el nieto–, no la he abandonado, ahora estamos sufriendo una separación, pero le aseguro que no llegaremos al divorcio. Todavía tengo fe.
–Pero si yo no estaba hablando de tu mujer, hijito.

* * *

–Pepe –reclama la mujer–, ¿por qué no has lavado los platos?

–Porque me parece que están un poco resfriados.

* * *

–Pepe –dice la esposa intentando contener la ira–, ¿por qué no le has dado un beso de bienvenida a mi madre?

–¡Jo! no me habías dicho tú misma que odiabas la hipocresía.

* * *

EXCUSA

Espero que tengáis la amabilidad de excusarme, pero he de terminar el libro de una manera u otra, comprendedlo, no lo puedo alargar más.

Y no lo puedo alargar más por dos motivos.

Uno, que el papel no es un material lo suficientemente flexible como para estar estirándolo. Probadlo y ya veréis como se os rompe.

Y dos, porque tengo que ir a recoger a mi perrito de la consulta del psiquiatra. A estas alturas la factura debe ser ya impagable, porque el psiquiatra cobra según lo que le marque el taxímetro, ¿sabéis?, y no hace descuentos de ningún tipo.

Sólo os quiero hacer una última observación...

...Y una vez que os he observado, parece que la mayoría gozáis de tanta salud mental como mi perrito, me despido.

Y me despido, no sin antes manifestar que todo aquél que se sirva de las excusas y los pretextos ha de tener una memoria intachable. Y ha de contar con la mala memoria de los demas. Porque sin una buena memoria es imposible recordar cuántas veces se nos ha muerto la abuela, cuántas veces les han dado anginas a los canarios, así como la apariencia que tiene el «fabuloso» cliente en ciernes, etc., etc., etc. Cualquier detalle que hayamos utilizado debe quedar perfectamente grabado en nuestra memoria.

Y no se olvide de decir sus excusas y pretextos con la mayor naturalidad posible, sin afectaciones ni melodramas. De lo contrario, lo pillarían en la mentira o se pensarían que es usted una persona sin carácter incapaz de hacer frente a las miserias de la vida, y tampoco es para tanto. Con salir del paso, sin la menor preocupación, es más que suficiente.

Javier Tapia Rodríguez

Barcelona, verano de 1989

INDICE